Notice Généalogique

sur

la famille de Reiset

originaire de Lorraine

établie

en Bourgogne au commencement du XVᵉ siècle et, en 1470,
dans le Comté de Ferrette en Alsace.

Hanôvre,

Imprimerie de Fr. Culemann.

1866.

es d'Hozier mentionnent dans plusieurs de leurs ouvrages la famille de Reiset qui, au XVIIe et XVIIIe siècle, chargea ces célèbres généalogistes d'examiner ses titres de noblesse.[1] Aussi, plusieurs parchemins, encore aujourd'hui entre les mains de cette famille, sont-ils empreints du témoignage de la vérification du Juge d'Armes de la noblesse de France du temps de Louis XIV.

La pièce la plus ancienne remonte à l'année 1394; c'est une quittance donnée par Guillot Filleul, „mestre" de la chambre aux deniers de Mgr le Duc d'Orléans, au nom de Robert Reiset, Ecuyer du Comte de Linange.[2] Puis vient un acte de 1399, qui porte le visa de d'Hozier de Sérigny; en voici la teneur:

Le sirez Jehans Reiset de straubourch le preste chaippelain et burcier de la chaippelle St. polz depnre le cloftre | du grand moftier por lui et pour ces compaignons chaipelain de la dite chaippelle ait esteit conduit par Jehan | aixiet[3] sergent des viii a commandement sy

---

[1] Voy. l'armorial gal de France de d'Hozier, en 1697, (Province d'Alsace), et l'Indicateur nobiliaire de 1818. —

[2] Maison illustre, qui reçut le titre de Comte du St. Empire en 1220, celui de Landgrave, le 4 octobre 1444 et de Prince de l'Empire en 1779. Cette famille fut médiatisée en 1806. La Reine Victoria d'Angleterre est la fille de la Duchesse de Kent, mariée en premières noces au Prince Emich-Charles de Linange, mort en 1814.

[3] Il est question d'un Arnoult Aixiet, p. 226, tome III de l'histoire de Metz, aux preuves, titre du 8 juillet 1282. —

monnat houdebrant pour trefes a la Mayon et a tout |
ce[n] qui appant qui cict en staiyon qui fait clemansatte
Werrel et a tout ceu enthierement for coy | les dis chai/
pelain de St. polz ont cheftant xVi sols de cens et que
li sirez otthe liprefte chaipelain et | borcier des chaippe/
lain . de St. salvour et plussieur anftres qui sont chai/
pelain de la dite chaipelle | St. salvour ont escarier
par les xiii au devant dit borcier de St. polz. En si
tous le parchamin don dit epurement le dist Cist conduit
fust fais lou second iour don | moiy de deffembre quant
ilot a mill. m. ccc. lxxx et xix ans |
$\underset{iiii}{xx}$

Symmonat houdebrant ait. I. teil parchamin por trefes [1].
vû
d'H. de Sérig.

Selon le savant historien Alsacien, L. Schneegans, cet acte
concernerait l'Église Cathédrale de Metz.

---

[1] "Le sire Jean Reiset de Straubourch, prêtre-chapelain et boursier de
"la chapelle St. Paul sur le cloître de la cathédrale, pour lui et pour ses com-
"pagnons chapelains de la dite chapelle, a été conduit par Jean Aixiet, sergent
"des XIII, par le commandement de Symonnat Houdebrant pour les Treize, à la
"maison et à tout ce qui y appartient, située en la station qui fût à Clémensatté-
"Werrel, et à tout ce entièrement sur quoi les dits chapelains de St. Paul ont
"chacun XVI sols de cens, et que le sire Othon, prêtre-chapelain et boursier
"des chapelains de St. Sauveur, et plusieurs autres qui sont chapelains de la dite
"chapelle St. Sauveur ont concédé par les XIII au devant dit boursier de St.
"Paul, ainsi que le parchemin du dit bail le dit. Cette montrée fut faite le
"second jour du mois de décembre quand il y eut pour millésime mil trois cent
"quatre vingt dix neuf ans. — Symonnat Houdebrand a un pareil parchemin pour
"les Treize."

Cet acte a pour objet la reconnaissance des lieux sur lesquels il était dû
16 sous de cens à Jean Reiset et à chacun des autres chapelains de St. Paul.
Cette reconnaissance, qui fut faite en vertu de l'autorité des Treize, était sans
doute destinée à servir de titre nouveau aux chapelains de St. Paul. Les lieux
sujets à la rente avaient été, en vertu de la même autorité, é s e r o u r i é s, baillés
à cens, à Othon et à plusieurs autres chapelains de St. Sauveur. Ce mot é s-
e r o u r i e r vient peut-être d'a s s e c u r a r e, qui aurait le même sens que a f f i r-
m a r e, affermer. E x u r e m e n t est le bail à cens. Le transport sur les lieux
est appelé c o n d u i t.

(Note de Mr. Redet, Archiviste du Département de la
Haute-Vienne, du 14 février 1846. —)

Après ce document, fort intéressant par son ancienneté, les archives de la famille de Reiset contiennent une quittance du 24 mai 1406, qui est ainsi conçue:

> Sachent tous que ie Jehan Comte de Linange⁽¹⁾ et de Rechicourt confesse avoir eu et receu de Jehan Poulain, tresorier de Mgr. le Duc d'Orleans, par les mains de mon cher et feal Escuyer de corps Robert Reiset, la somme de deux cents Livres Tournois, que mondit Sieur a voulu a moi etre baillés suivant il apert plus aplain par ses lettres de laquelle somme de 200 livres Tournois ie me tiens pour content et bien paye et en quitte mondit Seigneur son dit Tresorier et tous autres temoins mon scel et symis le 24me iour de Mai l'an mil quatre cents et six.

(le Sceau)

Au 14 novembre 1429,⁽²⁾ nous trouvons un Acte d'hommage de Henry Reiset au Duc de Bourgogne pour sa terre de St. Loup.⁽³⁾

(¹) Jehan, Comte de Linange, vivait encore en 1414. Il épousa Elsa, fille de Henri, Comte de Lützelstein. Il était fils de Godefroy qui avait épousé Marguerite, fille de Rodolphe, Margrave de Bade.
(Johann Hübners Genealogische Tabellen. 2. Theil. fol. 1727. Leipzig.)
Les Comtes de Linange s'étant éteints une première fois, en 1220, dans la personne du Comte Frédéric I, sa sœur Luccarde, mariée à Simon II, Comte de Sarrebruck, fit reprendre, à cette même époque, au plus jeune de ses fils, Frédéric de Hardenburg, le titre et les possessions de la famille de Linange; celui-ci devint ainsi le fondateur de la nouvelle ligne comtale de Linange ou de Linange-Hardenburg. — Selon Schneegans „Réchicourt" serait en allemand „Rückesingen" ou „Rixingen", l'une des Seigneuries de la famille de Linange. Quant à la famille Reiset, d'après ce même auteur, elle est originaire des environs de Sarrebourg, entre Metz et Trèves. (Schneeg. Corresp. du 24 mars 1851.)

(²) C'est au commencement de l'année 1429 que parut Jeanne d'Arc. Elle fut brûlée à Rouen le 30 mai 1431.

(³) La Seigneurie de St. Loup que Henry Reiset possédait au 15me siècle, devait être, d'après Schneegans, l'ancien Grannum, petite ville de la Haute-Saône, à sept lieues nord-ouest de Lure, de nos jours chef-lieu d'arrondissement. St Loup est situé aux pieds des Vosges, sur la rive droite de l'Angronne, au milieu d'un beau pays. Louis XIV s'en empara lorsqu'il fit la conquête de la Franche-Comté et depuis il est resté à la France. — Un des fils de Henry Reiset fut Ecuyer du bon Roi René d'Anjou.

Phelippe/ duc de Bourgoingne/ conte de Flandres/ d'Artois/ de Bourgoingne/ palatin/ et de Namur/ seigneur de Salins et de Malines/ a tous ceulx qui ces presentes lettres verront/ salut: Savoir faisons que nostre ame et feal escuier d'escuierie[1] henry Reiset s'est advoué devenu et rendu nostre homme feodal et liege/ comme conte et a cause de nostre dit conte de Bourgoingne/ et nous a fait foy et hommaige lieges de ses chastel/ terre et seigneurie de Saint Loup/ ensemble de toutes leurs appartenances et deppendances/ lesquelles par luy et ses successeurs seigneurs et dames dudit Saint Loup seront tenuz perpetuelement en foy et hommaige lieges de nous et de nos successeurs contes et contesses de Bourgoingne/ sauf nostre droit et l'autruy/ et duquel fief ledit henry sera tenu et nous a promis de bailler sa declaration et denombrement dedens temps deu/ et toutesfoys que requis en sera/ et pour ce luy avons accordé et accordons de le tenir en son bon droit dudit fief/ comme nostre homme et subget feodal et liege/ ainsi come de tous ce que l'en luy vouldra demander et dont on le vouldroit chargier/ et aussi de obeir et faire tous devoirs/ services que bon et loyal homme et subget feodal et liege doit faire a sonseigneur/ tant a nous come a nosdits successeurs contes et contesses de Bourgoingne/ et d'en bailler ses lettres/ sous son scel/ de promesse et recepisse/ pour les mettre et garder en nostre tresor a Lille ou a Dijon/ lesquelles cestes seront de mot a mot incorporees. En tesmoing des choses dessusdictes nous avons fait mettre nostre scel a ces presentes. Donné en nostre ville de Bruges/ le viii* iour de novembre l'an de grace mil cccc vingt et neuf.

Le sceau manque.

(¹) A la même époque le célèbre Lahire portait aussi ce titre. Il signait ainsi: „Le tout vostre Etienne de Vignolles, dit LAHIRE, Escuier d'Escuierie du Roy." Lahire.

Au dos est écrit: **Par monſʳ le Duc/ preſent le prince d'Orenge/ le mareſchal de Bourgoingne/ le ſʳ de Croy et pluſieurs auſtres preſens.**[1]

Henry Reiset, Seigneur de St. Loup, fut envoyé en Alsace lorsque le Comté de Ferrette fut engagé, de 1449 à 1474, à Charles le Téméraire, par l'Archiduc Sigismond d'Autriche. Il se fixa dans ce Comté où sa postérité s'établit. Les dites archives possèdent ensuite plusieurs titres concernant **Guillaume Reiset,** Ecuyer, vivant à Ferrette en 1524; **Louis Reiset,** Lieutenant de Massevaux à la fin du 16ᵐᵉ siècle; **Michel Reiset,** de Froidefontaine, en 1622. On y rencontre, à la date du 13 mai 1603, un titre relatif au fief de Chavanatte, qui, ainsi qu'en fait foi un renouvellement de cette époque, passa, à l'extinction de Jean-Henri de Chavanatte, qui en était seigneur, à la famille de Reinach, puis, le 15 mai 1685, dans les mains de Claude Reiset, Bailli de Montreux,[2] qui suit:

I. Claude Reiset, Sieur de Chavanatte, Bailli de Montreux et de Rougemont, mort en 1707, épousa Anne-Esther de Mougé[3] et eut deux fils:

(¹) Le Sʳ de Croÿ était Ministre et favori de Philippe-le-Bon, Duc de Bourgogne. Il accompagna son souverain au sacre de Louis XI.

Le Prince d'Orange, Jean de Châlons, attaché au Duc de Bourgogne Philippe-le-Bon, s'était rendu, pour lui, maître d'Aigues-mortes et y avait établi une garnison Bourguignonne qui désolait le pays des environs par ses courses. — Charles de Bourbon, dit le Comte de Clermont, voulant déloger les Bourguignons de cette place, chargea le Sénéchal de Beaucaire d'en faire le siège et il entra victorieux dans Aigues-mortes sur la fin de janvier 1421.

Philippe-le-Bon, né à Dijon le 30 juin 1396, succède au Duc Jean-Sans-Peur le 10 septembre 1419. Le 15 juin 1467 il meurt à Bruges.

(²) Voy. l'Armorial général de France par d'Hozier; Province d'Alsace, art. 184, du 22 novbr. 1697 (Biblioth. Imp.), ainsi qu'aux archives du Département du Haut-Rhin.

(³) La famille de Mougé a eu trois de ses membres (dont l'un a signé, le 26 décbr. 1719, le contrat de mariage de son neveu Nicolas-Humbert Reiset, comme son oncle maternel) qui ont occupé des charges de Conseillers au Conseil Souverain d'Alsace pendant le 17ᵐᵉ et 18ᵐᵉ siècle. Elle porte pour armes: d'azur à un jay au naturel sur un mont de trois coupeaux d'argent et accompagné au chef de deux étoiles d'or. (Armorial gᵃˡ de France par d'Hozier de Sérigny.) Claude Reiset, Bailli de Montreux, fut un des principaux fondateurs de la Confrérie, dite du St. Sacrement, établie, en 1696, à Montreux-le-Vieux, à laquelle le Pape Benoît XIV accorda, le 8 avril 1758, de grandes indulgences (voy. Prières à l'usage de la Confrérie de Montreux en Alsace; Paris. Maillet Editeur. 1861).

1) **Nicolas-Humbert**, qui suit;
2) **François-Joconde**, Bailli de Florimont, chef de la branche cadette de Delle,(¹) dont:
   a) **François-Antoine-Xavier Reiset de Grandvillars**, membre de l'Assemblée Provinciale d'Alsace en 1787;
   b) **Catherine**, morte fille.
   c) **Marie-Benoît**, née à Colmar le 18 février 1743, Prieure de l'abbaye des Clarisses d'Alspach. Professe le 17 juin 1764, morte peu après la révolution de 1793. (voy. Bulletin de la Société des monuments historiques d'Alsace p. 138, tome III. 1865.)

II. Nicolas-Humbert Reiset, Sieur de Chavanatte,(²) Subdélégué du Roi à Ensisheim, Bailli de Ste Croix, du Bas-Landzer et d'Issenheim, Officier de robe, Conseiller du Roi, Juge ordinaire au siège prévôtal de la Maréchaussée d'Alsace, Inspecteur des forêts, Receveur général de la maison de Mazarin, Avocat au Conseil Souverain d'Alsace, né en 1693, mort le 20 décembre 1758,

---

(¹) La branche des Reiset de Delle est aujourd'hui représentée par le Baron G. de Reiset, fils d'Edouard-Jean-Népomucène, Baron de Reiset, né en 1785, mort le 29 janvier 1857, Lieutenant-Colonel de cavalerie, ancien Officier d'ordonnance du Roi Jérôme de Westphalie, Aide de camp du Maréchal Ney, marié à Mlle du Temple de Mezières. Ce dernier a eu également pour fille Mme la Vicomtesse de Grandval, dont les compositions musicales sont si connues et si appréciées. C'est sous le nom du Baron de Reiset que fut arrêté, le 5 août 1815, l'infortuné Maréchal Ney. (voy. Vaulabelle, Hist. de la Restauration.)

(²) Nicolas-Humbert Reiset fut enterré à Colmar en l'Eglise des Dominicains, en face de l'autel de la Ste Vierge, où se trouve encore son tombeau. Le fief de Chavanatte resta, de l'année 1685 jusqu'à la révolution, dans la famille de Reiset. Elle en acquit nouvelle possession au Directoire du District de Belfort, le 26 fructidor, an III. Avant Claude Reiset ce fief appartenait à Jean-Henri de Chavanatte, écuyer; celui-ci étant décédé sans enfants mâles, ce fief retourna dans la famille de Reinach qui, à son tour, le fit passer dans celle des Reiset. — Chavanatte est situé à une heure des ruines du château de Florimont (Blumenberg) qui appartiennent au Comte de Reiset. En 1786 le Seigneur de Florimont était M. de Salomon, Premier Président du Conseil Souverain d'Alsace, allié à la famille de Reiset. Ce fut lui qui tint sur les fonts baptismaux Jacques-Louis-Etienne Reiset, Receveur général de la Seine Inférieure, père du propriétaire actuel de Florimont. — Quant au fief de Boron, il entra dans la famille de Reiset en 1776.

avait épousé, le 26 décembre 1719, Anne-Marie Hirsinger,⁽¹⁾ née le 1 novbr. 1699, morte le 31 mars 1785, dont il eut:

1) **Nicolas-Joseph**, Chanoine du Chapitre de Thann;
2) **Ignace-Louis-Humbert**, Chanoine du même Chapitre, de l'ordre des Antonistes réuni à celui de Malte, membre du clergé à l'Assemblée Provinciale d'Alsace (1787);
3) **Antoine-Denys**, Chanoine régulier de l'ordre de St. Antoine, Prieur des Trois-Epis en Alsace et de Chambourcy, près St. Germain en Laye;
4) **Jean-Jacques**, qui suit;
5) **Marie-Barbe**, mariée à **Valentin de Stadel**, Seigneur de Fontenelle, le 21 janvier 1754;
6) **Marie-Magdeleine**, mariée le 21 mars 1776, à **Pierre-Mathias Castelmor de Crousillac**, Capitaine d'infanterie, Chevalier de l'Ordre noble de St. Hubert de Lorraine, né à Chambourcy le 17 octobre 1747;
7) **François-Xavier Reiset de Rosheim**, Bailli d'Oberontzheim, Directeur de la Monnaie de Strasbourg, né en 1732, mort en 1793. Il avait épousé **Marie de Beyerlé**, fille du Directeur de la Monnaie de cette même ville, dont il eut:
   a) **Clément**, Chef d'Escadron de Gendarmerie;
   b) **Marie-Antoine**, Mousquétaire du Roi, Chevalier de St. Louis, mort Chef d'Escadron de Gendarmerie;⁽²⁾
   c) **Augustine**, mariée au Baron **de Berquen**, Colonel d'Artillerie.

Voici le certificat de d'Hozier concernant les preuves de noblesse produites par Marie-Antoine de Reiset, Écuyer, Mousquetaire de la Garde du Roi et Chevalier de l'Ordre de St. Louis:

(¹) Ancienne maison d'Alsace qui a donné plusieurs personnages considérables, entr'autres un Commandeur de l'Ordre de Malte, des Prévôts Impériaux, un Général de l'Ordre des Capucins et, au 19ᵐᵉ siècle, Yves-Louis-Joseph, Chevalier Hirsinger, né à Obernay le 19 mars 1757, mort le 24 juillet 1824, Ministre Plénipotentiaire de France près les Ligues Grises, puis Ministre Plénipotentiaire à Francfort et à Würzbourg, Conservateur des limites de l'Est et Commissaire du Roi pour la navigation du Rhin. Armes: d'azur à un cerf d'or rampant et posé sur un rocher de trois coupeaux d'azur en pointe. (Armorial général de d'Hozier. Bibl. Impér.)

(²) Il fut Gouverneur du Château de Valençay lors de la détention du Roi Ferdinand VII d'Espagne dans cette résidence. — La Baronne d'Oberkirch parle de lui dans ses Mémoires.

„Nous Antoine-Marie d'Hozier de Sérigny, chevalier, juge
„d'armes de la noblesse de France et, en cette qualité, com-
„missaire du Roi pour certifier à Sa Majesté la noblesse des
„élèves des Écoles-royales-militaires, chevalier-grand'croix-
„honoraire de l'ordre royal de St-Maurice de Sardaigne,
 „Certifions que le sieur de Reiset, écuyer, ancien mous-
„quetaire de la garde du Roi, a prouvé devant nous, par
„titres authentiques, sa noblesse remontée à Guillaume Rei-
„set, qualifié noble et écuyer, vivant à Ferrette en 1524,
„et qu'aux termes de la déclaration du Roi, du 13 de janvier
„1771, il peut, sous le bon plaisir de Sa Majesté, être pourvu,
„en qualité de gentilhomme, d'une charge de lieutenant de nos-
„seigneurs les maréchaux de France. En foi de quoi nous
„avons délivré le présent certificat, l'avons signé, et l'avons
„fait contresigner par notre secrétaire, qui y a apposé le sceau
„de nos armes. A Paris, le vendredi vingt-septième jour du
„mois de mars, de l'an mil sept cent soixante dix-huit."

(Signé): D'HOZIER DE SERIGNY,
pour minute.

 **III. Jean-Jacques Reiset,** Sieur de Chavanatte et de Boron, Subdélégué et Bailli des Départements d'Ensisheim, Ste Croix, Thann et du Bas-Landzer, Avocat au Conseil Souverain d'Alsace, Receveur général des finances du Département du Haut-Rhin, né le 10 septembre 1730, mort à Colmar en novembre 1803, avait épousé Marie-Thérèse Carré de Beaudouin, née à Caen en 1737, morte à Colmar le 1 février 1817, dont il eut 17 enfans, entr'autres :

1) **Marianne-Jeanne,** mariée à **Jacques-Joseph de Schiélé,** Secrétaire du Roi, Inspecteur des armées, Chevalier de St. Louis, Officier de la Légion d'Honneur;

2) **Marie-Magdeleine,** mariée à **Laurent-Justin Marchand,** Baron de la Martellière,[1] Chevalier de St. Louis, Commandeur de la Légion d'Honneur, Intendant militaire de l'Hôtel des Invalides à Paris;

3) **Jacques-Louis-Etienne,** qui suit;

4) **Marie-Antoine,** Vicomte de **Reiset,**[2] Lieutenant Général,

---

[1] Devise: Honor non Honores.
[2] La devise du Lieutenant-Général Vicomte de Reiset était : Firmus in verbis sicut in armis.

Lieutenant Commandant des Gardes du corps du Roi (Compagnie de Gramont), Gentilhomme de la chambre du Roi, Grand-Officier de la Légion d'Honneur, Commandeur de l'Ordre de St. Louis, Grand'Croix de l'Ordre de Charles III d'Espagne, etc., etc. Né à Colmar le 29 novbr. 1775, mort à Rouen le 25 mars 1836. Il entra au service dès 1793, combattit dans les armées de la Moselle, de Sambre-Meuse et du Rhin. L'année suivante il fut adjoint à l'État-Major du général Kléber, qui le prit en affection et lui laissa son épée en mourant. Nommé Lieutenant en 1796, il devint, en 1799, Aide de camp du général Klein, puis Capitaine l'année suivante; ayant fait prisonnier un des généraux ennemis à l'affaire de Schwanstadt, cette action d'éclat lui valut le grade de Chef de bataillon. En 1804, il reçut une des premières croix de l'ordre de la Légion d'Honneur. A la bataille d'Iéna, il fit prisonnier, de sa main, le prince Auguste de Prusse. En 1810, il passa en Espagne avec le grade de Colonel, où il fit preuve, dans plusieurs circonstances, d'autant de talent que de bravoure. Le 10 août 1812, à Las-Rosas, il résista, à la tête de deux régiments de dragons, à tout l'effort de l'avant-garde de l'armée du Duc de Wellington et lui enleva, dans la même journée, trois pièces de canon. „Je ne saurais trop faire l'éloge de „la valeur, du sang-froid et des connaissances militaires du „Colonel de Reiset, qui, dans la retraite du matin, a soutenu „seul, à la tête de la première brigade qu'il commandait, tous „les efforts de l'ennemi," disait le Général en chef dans son rapport officiel.[1] „Cet officier", ajoutait-il, „dans la charge du „soir, a été blessé de trois coups de sabre." Rappelé, en 1813, à la grande armée, il fut nommé Général de brigade, prit part à la bataille de Dresde et à celle de Leipzig, à la suite de laquelle il fut chargé de commander une partie de l'arrière-garde. La Restauration le nomma Lieutenant-Général, Grand-Officier de la Légion d'Honneur, Commandeur de St. Louis. En 1823, il fit partie de l'expédition d'Espagne et commanda le corps d'occupation qui resta en Catalogne jusqu'en 1829. Après la révolution de juillet, il se retira à Rouen et y mourut le 25 mars 1836. Son nom est inscrit sur l'Arc de Triomphe de l'Étoile. Son fils **Antoine-Justin-Henry, Vicomte de Reiset**, né à Paris le 16 février 1815, est Receveur des finances à Mayenne, où il s'est marié en 1853.

---

[1] Voy. le Moniteur Universel du 30 septembre 1812.

5) **Marie-Françoise**, mariée à **Jean-Pierre-Nicolas-Louis Blanchard**, né en 1768 à Huningue, Commissaire-ordonnateur en chef, ancien Intendant-Général des armées en Portugal, Gouverneur de Frickthal, Chevalier des Ordres de St. Louis et de la Légion d'Honneur, dont est né **Eugène Blanchard**, Général de brigade de la Garde Impériale, Commandeur de la Légion d'Honneur, Chevalier de l'Ordre du Bain, etc. etc.

6) **Louis**, Capitaine de dragons de la Garde Impériale, Officier de la Légion d'Honneur, Chevalier de St. Louis, né en 1779, mort en 1852, marié à D^{elle} **Branche**, de Tournus, dont: 1° **Xavier**, ancien Marin, né à Paris en 1811, mort en 1853; de son mariage avec Melle **Charlotte Mougin** il eut 2 fils. 2° **Augustine-Modeste-Hortense**, née à Paris le 26 août 1813. (voy. ci-après sa descendance.)

IV. Jacques-Louis-Etienne Reiset, Receveur général des finances du Département du Haut-Rhin, du Mont-Tonnerre et de la Seine-Inférieure, Régent de la Banque de France, Directeur de la Caisse d'Épargne de Paris, Membre de l'Académie de Rouen, Officier de la Légion d'Honneur, Chevalier de St. Louis, né à Colmar le 29 décbr. 1771, mort à Rouen le 5 févr. 1835, marié à l'église Bonne-Nouvelle à Paris, le 15 messidor an XII, à **Colette-Désirée-Thérèse Godefroy**,[1] née à Paris le 4 mai 1782, morte dans la même ville le 25 févr. 1850, fille de Pierre-Prosper-Emmanuel Godefroy, de Suresnes, mort à Mayence le 25 novbr. 1819

et d'Isabelle-Désirée-Josèphe Laumond, née à Lille le 29 avril 1760, morte à Paris le 21 mai 1847, sœur de Jean-Charles-Joseph, Comte de Laumond, ancien Préfet de Strasbourg, d'Aix-La-Chapelle et de Versailles, Conseiller d'État, Directeur général des Mines etc., mort à Paris le 8 mars 1825. Dont sont issus:

1) **Colette-Désirée-Thérèse**, née à Mayence, le 6 juin 1805, décédée au château de Balincourt le 22 octbr. 1838, mariée, le 7 avril 1823, à **Etienne-Martin, Baron de Beurnonville** (neveu du Maréchal de France de ce nom), Général de brigade, ancien Aide de camp de S. A. R. le Duc d'Angoulême, Pair de France, Grand'Officier de la Légion d'Honneur, etc., dont deux fils: **Edmond** et **Maurice de Beurnonville**.

---

[1] Le 20 septembre 1813, l'Impératrice Marie-Louise nomma Madame Jacques Reiset Membre du Conseil d'administration de la Société de la charité maternelle de Mayence; „attendu", disait le brevet de l'Impératrice-Reine, „que „nous savons qu'elle réunit les vertus, le zèle et les talents qu'exigent les fonc-„tions de cette place."

2) **Caroline-Isabelle**, née à Mayence le 19 juillet 1808, morte à Paris le 16 févr. 1849, mariée, en 1826, à **Félix-Jean-François-Thomas**, Vicomte **d'Arjuzon**, Député de l'Eure, Chambellan de l'Empereur, fils du Pair de France de ce nom, dont quatre fils, entr'autres : 1° **Georges**, Vicomte d'Arjuzon, Chambellan de l'Empereur, qui a de son mariage avec Mlle **Valentine Cuvelier**: **Caroline**, née le 10 mars 1861; **Louis-Napoléon-Eugène**, né le 23 mars 1863; **Henriette**, née le 11 févr. 1866. 2° **Paul**, né en 1847 au château de Louye (Eure).

3) **Jacques**, né à Mayence le 20 mai 1811, ancien Receveur des Finances à Rouen, marié, le 19 septbr. 1857, à **Clémence-Louise-Agélie Wilder**, fille de M. Wilder, Maréchal de camp, Chevalier de St. Louis, Officier de la Légion d'Honneur.

4) **Marie-Fréderic**, Conservateur des Musées du Louvre, Officier de la Légion d'Honneur, né à Oiselle près Rouen, le 12 juin 1815, marié à sa cousine **Augustine-Modeste-Hortense Reiset**, Dame du Palais de S. A. I. Madame la Princesse Mathilde, dont une fille, **Marie**, née à Paris le 23 août 1836, mariée, le 9 juillet 1857, à **Edgar**, Comte **de Ségur-Lamoignon**, Officier de la Légion d'Honneur, ancien premier Secrétaire d'Ambassade et Député de la Meuse; dont: **Valentine**, née le 13 avril 1859; **Louis**, né le 8 novembre 1860.

5) **Jules**, né à Bapeaume près Rouen, le 6 octbr. 1818, Chevalier de la Légion d'Honneur, Membre du Conseil général de la Seine-Inférieure et de l'Académie de Rouen, ancien Député de la Seine-Inférieure, Membre correspondant de l'Institut, Commandeur de l'Ordre de St. Grégoire-le-Grand, marié, le 7 juin 1847, à **Juliette**, Comtesse **de Germiny**, fille du Comte Charles de Germiny, ancien Ministre des finances, Gouverneur de la banque de France, Sénateur, et petite fille de M. Humann, Ministre des finances du Roi Louis-Philippe.

6) **Gustave-Armand-Henry**, qui suit.

Gustave-Armand-Henry, Comte de Reiset, né au Mont St. Aignan près Rouen, le 15 juillet 1821, ancien Chargé d'Affaires de France à Turin et à St. Pétersbourg, Ministre de France à Darmstadt et à Wiesbaden, Envoyé Extraordinaire et Ministre Plénipotentiaire de l'Empereur près les cours de Hanôvre et de Brunswick, Membre du Conseil Général de l'Eure, Officier de la Légion d'Honneur, Chevalier Grand'Croix des Ordres de Philippe-le-Magnanime de Hesse et d'Adolphe de Nassau, décoré de la Médaille d'or du Mérite de Hesse, Commandeur des Ordres de

St. Maurice et Lazare de Sardaigne, Chevalier de première classe de l'Ordre Constantinien de St. Georges de Parme, Chevalier de Charles III d'Espagne, etc., marié, le 20 mai 1856, à Marie-Ernestine-Blanche de Sancy de Parabère[1], née le 1 août 1836, dont:

1) **Napoléon - Louis - Eugène**[2] **- Marie - Jacques**, né à Paris, le 14 févr. 1857;
2) **Marie - Thérèse - Colette - Emilie - Hortense**, née à Paris, le 28 févr. 1858;
3) **Marie - Juliette - Walburge - Alice**, née à Darmstadt, le 4 avril 1861;
4) **Marie - Joseph - François - Henry - Florimont**, né à Darmstadt, le 9 mars 1863.

Les armes de Reiset sont: d'azur à un croissant d'argent, surmonté d'un trèfle d'or et soutenu d'une colline de trois coupeaux du même. (V. Armorial g^{al} de d'Hozier de l'année 1697.)

[1] Fille d'Emile-Alexandre-César de Sancy de Parabère, né en 1800, mort au château de Boran, le 1 décbr. 1863, marié, le 29 juin 1833, à Charlotte-Lavinie Lefèbvre-Desnoëttes, Dame du palais de l'Impératrice, née à Paris le 2 novbr. 1815, fille du Général de division Comte Charles Lefèbvre-Desnoëttes, Aide-de-Camp de l'Empereur Napoléon I, Commandant des Chasseurs de la Garde Impériale, né à Paris le 14 décbr. 1775, mort sur les côtes d'Irlande près de Kingsale, le 22 avril 1822. (Voy. pour la Généalogie de la famille de Parabère le Dictionnaire de la Noblesse de La Chenaye-Desbois.)

[2] Il eut pour parrain l'Empereur Napoléon III et l'Impératrice Eugénie pour marraine.

PLANCHES.

Arbre généalogique
de la famille de Reiset

depuis **Claude Reiset**, bailli de Montreux, en 1697. (voy. Armorial Général de France de d'Hozier, sous Louis XIV, Bibl. Impériale).

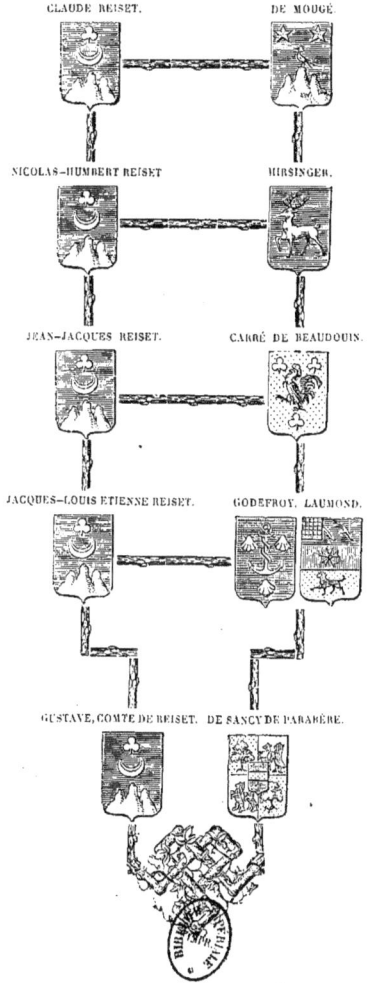

Vue du château et Comté de Ferrette,
où s'établit, au XVe. Siècle, la descendance de Henry Reiset, Seigneur
de St. Loup et Ecuyer de Philippe le Bon, Duc de Bourgogne.

Ancienne maison Reiset (XVIe siècle) située à Delle (Haut Rhin.)

Ruines de l'ancien manoir de Chavanatte,
fief de la Haute Alsace qui passa, en 1685, dans les
mains de la famille Reiset.

Vue intérieure de l'Eglise des Dominicains de Colmar où est enterré Nicolas-Humbert Reiset, Subdélégué d'Alsace. Sa tombe est à gauche, en face de l'ancien autel de la Ste. Vierge; celle du milieu appartient à un membre de la famille Hirsinger.

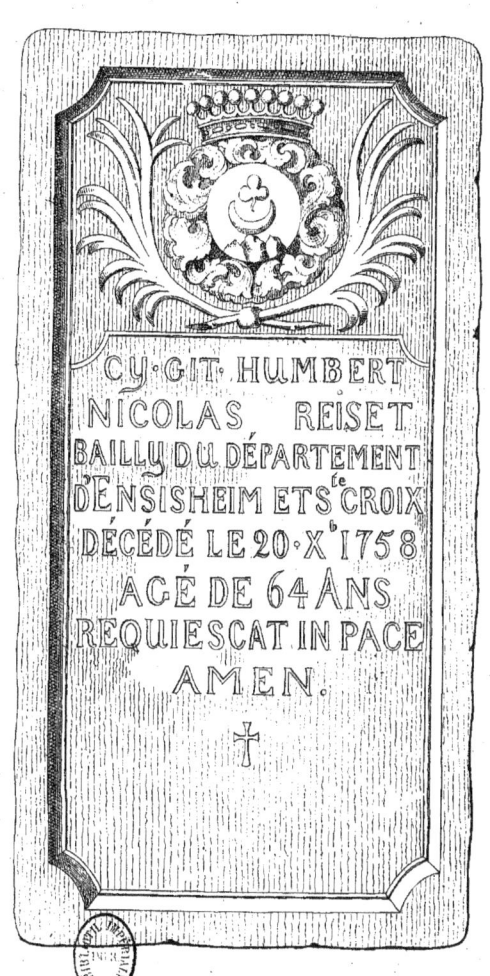

Tombeau de Nicolas-Humbert Reiset, Subdélégué d'Alsace,
dans l'Eglise des Dominicains de Colmar.

Maison de la famille Reiset à Colmar,
bâtie en 1772, par Jean-Jacques Reiset, Receveur
Général des finances du Haut-Rhin.

Vue des ruines du château de Florimont (Blumenberg)
appartenant au Comte de Reiset.
(Haut Rhin.)

www.ingramcontent.com/pod-product-compliance
Lightning Source LLC
Chambersburg PA
CBHW060909050426
42453CB00010B/1625